BEI GRIN MACHT SICH IHR WISSEN BEZAHLT

- Wir veröffentlichen Ihre Hausarbeit, Bachelor- und Masterarbeit

- Ihr eigenes eBook und Buch - weltweit in allen wichtigen Shops

- Verdienen Sie an jedem Verkauf

Jetzt bei www.GRIN.com hochladen und kostenlos publizieren

Bibliografische Information der Deutschen Nationalbibliothek:

Die Deutsche Bibliothek verzeichnet diese Publikation in der Deutschen Nationalbibliografie; detaillierte bibliografische Daten sind im Internet über http://dnb.d-nb.de/ abrufbar.

Impressum:

Druck und Bindung: Books on Demand GmbH, Norderstedt Germany
ISBN: 9783640470952

Dieses Buch bei GRIN:

http://www.grin.com/de/e-book/137729/die-entstehung-und-entwicklung-von-familiennamen-in-deutschland

Angela Lintzen

Die Entstehung und Entwicklung von Familiennamen in Deutschland

GRIN Verlag

GRIN - Your knowledge has value

Der GRIN Verlag publiziert seit 1998 wissenschaftliche Arbeiten von Studenten, Hochschullehrern und anderen Akademikern als eBook und gedrucktes Buch. Die Verlagswebsite www.grin.com ist die ideale Plattform zur Veröffentlichung von Hausarbeiten, Abschlussarbeiten, wissenschaftlichen Aufsätzen, Dissertationen und Fachbüchern.

Institut für deutsche Sprache und Literatur
der Universität zu Köln

Die Entstehung und Entwicklung von Familiennamen in Deutschland

Inhalt

1. Einleitung

Das Interesse der Menschen am Untersuchungsgegenstand 'Namen` und ihrer Herkunft, Bedeutung sowie sprachlichen Entwicklung reicht mindestens bis in die Antike zurück. Ursprünglich handelte es sich nicht um systematische wissenschaftliche Forschung im heutigen Sinne, sondern um Philosophieren, Sinnieren und Nachdenken über Namen. Beiden Tätigkeiten gemeinsam ist allerdings die Feststellung, dass Namen Geschichte(n) erzählen, was insbesondere für Familiennamen gilt: Sie gewähren uns einen Einblick in die längst vergangene Zeit ihrer Entstehung.
In diese Zeit muss sich jeder zurückdenken, der sich fragt, wie seine Familie zu ihrem Namen gekommen ist. Die Bedeutung eines Familiennamens ist meistens, wenn sie überhaupt bestimmt werden kann, für den jetzigen Namenträger recht nichtssagend. Denn welchen Sinn hat der Name *Steinmetz* für einen Bürgermeister, der nicht mit Hammer und Meißel umgehen kann? Ein *Jungverdorben* kann in seiner Jugend ein Muster an Sittsamkeit und Tugend gewesen sein und muss es sich trotzdem gefallen lassen, dass sein Name mit auffälliger Betonung ausgesprochen wird.

Die Angehörigen der verschiedenen germanischen Stämme kannten noch keine Familiennamen. Erst in Quellen des 12. Jahrhunderts kann verfolgt werden, wie zur Identifizierung einer Person sowie zur Kennzeichnung ihrer Familienzugehörigkeit in zunehmendem Maße das System der Einnamigkeit von der Verwendung zweier Namenelemente abgelöst wird. Der erste Teil dieser Arbeit beschäftigt sich daher zunächst mit der Einnamigkeit und den Ursachen für die Entstehung von Familiennamen.
Das im Folgenden zitierte Gedicht Erhard Horst Bellermanns nimmt auf humoristische Weise indirekt Bezug auf diese Umwandlung des Personennamensystems:

Karl der Große
Fritz der Lose
Paul der Weise
Jörg der Leise
Hans der Kleine
Franz der Feine
Kurt der Dicke
Max der Schicke
Fred der Reiche
Ulf der Weiche
Lars der Kühne
Ralf der Raue
Horst der Jäger
Gerd der Kläger

Heinz der Tolle
Meik der Volle …
So weiß man doch zu jeder Zeit
über Menschen gleich Bescheid.

In Bellermanns Gedicht bilden besondere körperliche beziehungsweise äußerliche Merkmale, geistige und charakterliche Eigenschaften oder typische Verhaltensweisen der Personen die Grundlage für ihre Benennung. Neben diesen Namenschöpfungen aus so genannten 'Übernamen' lassen sich vier weitere Ursachen für die Namenbildung kategorisieren. Diesem Aspekt widmet sich der zweite Teil der vorliegenden Arbeit, in dem die verschiedenen Bildungsgruppen der Familiennamen vorgestellt werden sollen.

2. Entstehung der Familiennamen

2.1 Das System der Einnamigkeit

In fast allen Ländern ist es heute Vorschrift, wenigstens zwei Namen zu tragen: einen Vor- und einem Familiennamen. Die Germanen und andere Völker trugen aber Jahrtausende nur *einen* Namen, der ausreichte, um eine Person zu identifizieren. Die einzig bekannte Ausnahme stellen die Römer dar, welche ein Drei-Namen-System besaßen.[1]

Doch selbst in dieser Zeit der Einnamigkeit versuchte man, die Angehörigen einer Familie durch die Rufnamengebung als zusammengehörend auszuzeichnen. Im *Hildebrandslied*, dem ältesten Zeugnis heroischer deutscher Dichtung, ist ein solches Beispiel für die Kennzeichnung der genealogischen Zusammengehörigkeit überliefert:[2] Der Vater *Hiltibrant*, stellt sich als *Hiltibrant, Heribrantes suno*, vor, sein Sohn *Hadubrant* entsprechend als *Hiltibrantes sunu*. Die Zusammengehörigkeit der drei Generationen von Großvater, Vater und Sohn wird durch den Stabreim des anlautenden *H-* sowie durch das gemeinsame Namenwort *-brant* und durch die Zweisilbigkeit des Erstglieds (*Heri-*, *Hilti-*, *Hadu-*) anschaulich ausgedrückt. Bei Vater und Sohn wird sie durch die Übereinstimmung der Bedeutung des Erstglieds (*hilt*[3] 'Kampf' – *hadu*[4] 'Kampf') zusätzlich unterstützt.

---

[1] Wenzel führt als Beispiel an: '*Quintus Horatius Flaccus*' - 'der Fünfte, aus der Sippe der Horatier, der Blonde'. Somit setzte sich der Name aus Rufname, Sippenname und Beiname zusammen. Vgl. Wenzel: Familiennamen, S.707.
[2] In Vers 12 des Hildebrandslieds heißt es: „ibu du mi enan sages, ik mi de odre uuet" - „Wenn du mir einen (Namen) nennst, so kenne ich auch die anderen."
[3] Lexer: Handwörterbuch, S.79.

Diese Möglichkeit, familiäre Verbindungen aufzuzeigen und gleichzeitig eine Identifizierung der Person durch die Namennennung zu erreichen, zeigt zwar das Bestreben nach Individualisierung, führte aber nicht direkt zur Entstehung von Familiennamen. Eine Vorstufe der Familiennamen kann eher in den Beinamen gesehen werden, die zum Rufnamen hinzugefügt wurden, um eine Person besonders auszuzeichnen (*Karl der Große*), zu kennzeichnen (*Pippin, der Ältere / der Jüngere*) oder zu charakterisieren (*Ludwig der Fromme*).[5] Nach dem Tode der Person ging ihr Beiname nicht auf einen Nachkommen über, sondern geriet aus dem Gebrauch.
Eine verstärkte, dann zunehmend regelmäßige Personenbezeichnung mit Ruf- und Beiname ist in den historischen Quellen im deutschen Sprachraum seit dem 12. Jahrhundert zu beobachten. In den romanischen Ländern setzte diese Verwendungsweise bereits im 9. Jahrhundert ein; entsprechend frühe Belege gibt es in Venedig, Verona und Florenz sowie in Südfrankreich.
Der Beiname wurde häufig ausdrücklich als solcher gekennzeichnet, indem „genannt, heisset, dictus" oder „cognomine" hinzugefügt wurde. So findet sich in urkundlichen Aufzeichnungen aus dem Jahre 1322 beispielsweise *'Heinricus dictus Baurus scultetus`* oder *'Heinrich Viczdum iunior gen. Wyndech`*.[6] Hier ist erkennbar, dass ein Nebeneinander verschiedener Benennungen für ein und dieselbe Person möglich war, ehe dann ein bestimmter Name als Familienname alleinige Geltung erlangte. Mit den Beinamen begann der entscheidende Einschnitt der Namengeschichte: der Übergang von der Einnamig- zur Zweinamigkeit.

2.2 Das System der Zweinamigkeit: Die Entstehung von Familiennamen

Der wichtigste Grund für die Entstehung von Familiennamen kann darin gesehen werden, dass eine genauere Personenidentifizierung nötig wurde. Immer mehr Menschen trugen denselben Rufnamen, wobei es infolge der sprachlichen Entwicklung zu einer Abnahme des Rufnamenbestandes gekommen war: Die Bestandteile der alten deutschen Rufnamen waren zum Teil unverständlich geworden, so dass die einzelnen Rufnamenglieder nicht mehr zu neuen Namen kombiniert werden konnten. Dieser

---

[4] Köbler: Wörterbuch, S.142.
[5] Kunze erklärt, dass solche Namenzusätze je nach Anlass wechseln konnten und verweist auf die Zusätze im *Nibelungenlied*: *'Sîvrit der Sigemundes sun`* / *'Sîvrit von Niderlant`* / *'Sîvrit der recke`*. Vgl. Kunze: Namenkunde, S.58.
[6] Vgl. Naumann: Familiennamen, S.9.

Mangel konnte durch die neu hinzukommenden Heiligennamen, wie etwa *Abraham* oder *Clemens*, nicht ausgeglichen werden.[7]

Eine eindeutigere Kennzeichnung von Personen wurde durch die Konzentration von immer mehr Menschen in den mittelalterlichen Städten notwendig: Kunze führt an, dass um 1400 in Lübeck, Hamburg, Frankfurt/M., Nürnberg, Regensburg, Augsburg, Ulm, Straßburg und Zürich circa 20.000 Einwohner lebten; in Köln waren es zu dieser Zeit schon etwa 30.000.[8] Mit dem Aufblühen der Städte entwickelten sich der Fernhandel und andere Verbindungen von Stadt zu Stadt. So trafen gleichnamige Personen häufiger aufeinander, wodurch beispielsweise eine Unterscheidung zwischen *Bernhart* aus Köln und *Bernhart* aus Nürnberg immer wichtiger wurde. Dieser Faktor begünstigte die Entstehung von Beinamen. Dem Bedürfnis nach Differenzierung hätte er genügen können, aber der wichtige Aspekt der Erblichkeit beziehungsweise Vererbbarkeit führte in einem zweiten Schritt zur Bildung von Familiennamen.

Eine deutliche Zunahme der Zweinamigkeit ist zunächst beim Adel zu beobachten, nachdem die Lehen unter der Regierung Konrads II. im Jahr 1037 erblich wurden. So wurde es wichtig, durch den erblichen Namenzusatz Privilegien und erbliche Besitzansprüche geltend machen zu können. Ebenso war das städtische Patriziat, das häufig über ein großes Kapital sowie über Grundbesitz und Lehen verfügte, an einer Sicherung des Familienbesitzes für die nachkommenden Generationen interessiert. Darüber hinaus beinhaltete der Familienname soziales Ansehen, indem er die Zugehörigkeit zur Schicht der Besitzenden und damit eine Abgrenzung zu Knechten, Mägden und anderen Personen, die nur einen Rufnamen trugen, anzeigte. Naumann stellt hierzu fest, dass auf diese Weise „den Familiennamen eine bewusstseinsbildende Rolle“[9] zukam. Allerdings besaßen die Familiennamen zunächst nur eine relative Festigkeit und konnten häufiger aus den unterschiedlichsten Gründen wechseln: Änderte sich etwa das Anwesen eines Adligen, so konnte aus *Graf von Scheyern* der Name *Graf von Wittelsbach* werden. Diese 'Hofnamen` lassen erkennen, dass der Name des Hofes auf den neuen Besitzer überging, auch wenn zwischen ihm und dem vorherigen Besitzer kein verwandtschaftliches Verhältnis bestand. Daher blieben Hofnamen über Jahrhunderte hinweg erhalten, obwohl die Hofbesitzer wechselten. Für

---

[7] Vgl. hierzu ausführlicher Seibicke 1982: Personennamen, S.133ff.

[8] Vgl. Kunze: Namenkunde, S.61. Er weist auf den Anstieg der Zahl gleichnamiger Personen im 11./12. Jh. in Zürich hin, der in Urkunden nachvollzogen werden kann. Gab es zwischen 1000 und 1099 120 Namenträger pro 86 männliche Rufnamen, so waren es zwischen 1200 und 1254 692 Namenträger pro 77 männliche Rufnamen. Vgl. ebd., S.60. Abb.A.

[9] Naumann: Familiennamen, S.12.

die Namenforschung sind sie besonders interessant, weil sie durch ihre Ortsgebundenheit eine wesentliche methodische Voraussetzung für die historische Personennamengeographie bilden.
Der Namenwechsel zeigt sich auch bei älteren Berufsbezeichnungen, die durch neuere ersetzt wurden, wenn sich der Beruf des Namenträgers geändert hatte. Ein Beispiel dafür findet sich bei einem Dresdener Ratsherren: *Georg Eyssenmenger* (1513), *Georg Seidenheffter* (1514), *Georg Seydenstikker* (1525) und *Georg Zcolner* (1531).[10]
Die im Spätmittelalter rasant zunehmende schriftliche Verwaltung mit Bürgerverzeichnissen, Steuerlisten, Urkunden usw. erforderte ein durchschaubares System für die Aufzeichnung der Namen. Für diese behördlichen Zwecke wurde die Einführung fester Familiennamen ab dem 17. Jahrhundert gesetzlich vorgeschrieben. Entsprechende Bestimmungen wurden 1677 in Bayern, 1776 in Österreich und 1794 in Preußen erlassen. So sollte der Wechsel von Familiennamen verhindert und die Zweinamigkeit sowie die Schreibweise der Namen durchgesetzt und gesichert werden. Ohne Stadtkämmerer und Stadtschreiber sind die Familiennamen als Massenerscheinung daher nicht denkbar. Ihre registerförmigen Quellen sind neben den Kirchenbüchern, insbesondere den Taufbüchern, eine sehr wichtige Quelle für die Familiennamenforschung.[11]
Verstärkt wurde die Einführung von Familiennamen außerdem durch die romanischen Nachbarländer, von denen sie sich auf den deutschen Westen und Südwesten auswirkte. Ob in einer mittelalterlichen Quelle noch ein Beiname oder schon ein Familienname vorliegt, ist allerdings nicht immer genau zu entscheiden.[12] Trotzdem lässt sich sagen, dass sich die Entwicklung der Familiennamen bis zum Beginn des 15. Jahrhunderts im größten Teil Deutschlands vollzogen hatte. Agricola merkt allerdings an, dass in ländlichen Gebieten – auch im Westen – teilweise erst im 17. und 18. Jahrhundert die Bildung der Familiennamen zum Abschluss kam.[13] Am spätesten bürgerten sich feste

---

[10] Vgl. weitere Beispiele: Kunze: Namenkunde, S.63. Agricola/Fleischer/Protze: Deutsche Sprache, S.665.
[11] Simon erläutert zum Vorteil der Taufbücher, dass in ihnen die Namen der Kinder „mehr oder weniger genau zum Zeitpunkt der Namengebung registriert wurden und daß in ihnen außerdem die Namen anderer wichtiger Personen vorkommen, die der Paten und Eltern". Simon: Vornamen, S.6f.
[12] Kunze nennt hierfür vier Kriterien: Vererbung des Namens in mehreren Generationen, Gleichnamigkeit von Geschwistern, ein inhaltlich 'unpassender' Name, sprachliche Kriterien. Vgl. Kunze: Namenkunde, S.59.
[13] Vgl. Agricola/Fleischer/Protze: Deutsche Sprache, S.662. Kohlheim merkt an, dass in Deutschland erst mit der Einführung des Standesamtes im Jahr 1874 der Prozess der Ausbildung von Familiennamen beendet wurde. Vgl. Kohlheim/Kohlheim: Familiennamen, S.19.
Luther sieht den Zeitpunkt noch später: „Die Entwicklung der FN im deutschsprachigen Raum kann erst mit der Einführung des Bürgerlichen Gesetzbuches am 01.01.1900 als abgeschlossen angesehen werden." Luther: Niederdeutsche Namen, S.203f.

Familiennamen in Friesland ein; dort waren ein Erlass Napoleons im Jahr 1811 und weitere gesetzliche Forderungen der hannoverschen Regierung nötig.
Die Widerstände, die es vor allem von den Behörden zu überwinden galt, lassen sich unter anderem an folgenden Erscheinungen erkennen: Bezeichnungen wie „Zuname“ oder „Nachname“ deuten darauf hin, dass man diese Namen den Rufnamen nachgeordnet verstand; ein bekanntes, illustrierendes Beispiel hierfür ist das Monogramm Albrecht Dürers, bei dem das *D* verschwindend klein in das *A* hineingezeichnet ist. Erst von der Mitte des 17. Jahrhunderts an beginnt sich die Großschreibung der Familiennamen durchzusetzen und alphabetische Personenverzeichnisse wurden bis in das 18. Jahrhundert hinein noch nach den Vor- und nicht nach den Familiennamen angelegt.
Somit erstreckt sich der Vorgang der Entwicklung aus dem Nebeneinander verschiedener Namenzusätze über relativ gleich bleibende Beinamen zu den Familiennamen über einen Zeitraum von mehreren hundert Jahren. Er verläuft dabei – wie bereits angedeutet – auf mehreren 'Ebenen`: Regional breiten sich die Familiennamen von Südwesten in östlicher und nördlicher Richtung, sozial von der oberen zur unteren Schicht und von den Städten auf das Land aus.[14]

3. Die Bildung der Familiennamen

Viele Familiennamen können nur dann in ihrer Bedeutung richtig erfasst werden, wenn man weiß, aus welchen „Motivationskategorien“ – wie es Wenzel nennt[15] – sie stammen. Ausgehend von diesen Kategorien und der etymologische Herkunft können die Familiennamen in fünf größere Gruppen unterteilt und bestimmt werden. Diese Gruppen entwickelten sich in zeitlicher, räumlicher und soziologischer Hinsicht sehr verschieden.[16]
Im Folgenden werden Familiennamen aus Rufnamen, Familiennamen nach der Herkunft, Familiennamen nach der Wohnstätte, Familiennamen aus Berufs-, Amts- und Standesbezeichnungen und die bereits in der Einleitung erwähnten Familiennamen aus Übernamen erläutert.

[14] Vgl. Seibicke 2004: Namengeschichte, S.3536.
[15] Vgl. Wenzel: Familiennamen, S.710.
[16] Siehe hierzu ausführlich: Kunze: Namenkunde, S.65-67.

3.1 Familiennamen aus Rufnamen

Familiennamen, die aus Rufnamen entstanden, drücken ein Verhältnis des ersten Namenträgers zu einem anderen Menschen, meist die Abstammung vom Vater, seltener von der Mutter, oder die Beziehung zu einer anderen Person aus. In historischen Schriften des 14. Jahrhunderts aus Braunschweig finden sich unter den Genannten 5%, die durch Zufügungen von Namen anderer Personen näher gekennzeichnet sind; von 157 Namen geht hierbei die Ergänzung in 140 Fällen auf den Vater, in je fünf Fällen auf die Mutter oder Ehefrau, in je drei Fällen auf den Schwiegervater oder Bruder und in einem Fall auf den Onkel zurück.
Die Ableitung vom Rufnamen des Vaters, so genannte „Patronymika“, oder von der Mutter („Metronymika“) kann auf verschiedene Arten erfolgen.
Besonders im Norden und Nordwesten des deutschen Sprachgebietes bildeten sich die Familiennamen häufig bei konsonantischem Ausgang durch einen starken Genitiv auf *-s* oder bei vokalischem Ausgang durch einen schwachen Genitiv auf *-en*: Beispielsweise wurde der Sohn des Hans Friedrich *Hans Friedrichs Sohn* genannt, was zu *Friedrichssohn* kontrahiert oder zu *Friedrichsen* und *Friedrichs* abgeschwächt wurde. In Schleswig-Holstein gehören *Petersen, Hansen, Willemsen* oder *Jansen* zu den geläufigsten Familiennamen.
Auch Präpositionen der Bedeutung „von“ beziehungsweise „Genitiv“ übernahmen eine patronymische Funktion in Namen.[17] Vorstufen von Familiennamen aus Rufnamen, die aus einer genealogischen Angabe mithilfe einer Genitivbeifügung bestehen, sind in deutschen Quellen früh und zahlreich überliefert: *Cundulapehrt filius Helmuuini* (Sohn des Helmwin; Regensburg, 8. Jahrhundert) oder *Eppo filius Epponis* (Sohn des Eppo; Regensburg, 11. Jahrhundert).
Daneben konnte die Bildung von Familiennamen aus Rufnamen durch Suffixe geschehen; dies ist vorwiegend bei eingliedrigen Namen der Fall. Die Endungen *-er*, *-ing*, *-ung*, *-mann*, *-ke* und *-el* führten zum Beispiel zu *Baldwiner*, *Wülfing*, *Brünung*, *Heinzmann*, *Gerke* und *Brendel*.[18] Mit Verkleinerungssuffixen wurden oft Koseformen von Rufnamen gebildet oder es wurde die Benennung eines Juniors nach einem Senior angezeigt: *Fritz* und *Fritzeken*, *Hein* und *Heinle* (aber auch *Althans*, *Großklaus* oder *Kleinpaul*). Der häufigste Bildungstyp bei Familiennamen aus Rufnamen ist die

---

[17] Hierfür gibt es besonders im Französischen und Italienischen zahlreiche Belege: *Daubert* als 'von Albert' oder *Di Giorgio*. Vgl. Kunze: Namenkunde, S.73.
[18] Für den oberdeutschen Raum sind Bildungen auf *-er* charakteristisch, solche auf *-ing* finden sich vor allem im niederdeutschen Gebiet westlich der Elbe. Vgl. Kohlheim/Kohlheim: Familiennamen, S.25.

einfache Addition des Rufnamens des Sohnes oder der Tochter mit dem Rufnamen des Vaters (*Käte Friedrich*, *Berta Peter*).

Die Familiennamen aus Rufnamen spiegeln den zur Zeit ihrer Entstehung vorherrschenden Rufnamenschatz wider. Kunze stellt fest: „Je seltener ein Rufname damals schon geworden war, desto besser eignete er sich dazu, einen Menschen zusätzlich zu kennzeichnen, indem man ihm den seltenen Rufnamen des Vaters als Beinamen zufügte."[19] Häufige Rufnamen wie *Konrad* oder Heinz wurden weniger als Beinamen benutzt. Allerdings gilt diese Behauptung nur relativ und lokal verschieden: Es lässt sich feststellen, dass die beiden genannten Rufnamen in abgeleiteten Familiennamen wie *Kunze*, *Hinz* oder *Heinze* insgesamt doch recht häufig vorkommen, weil sich die einzelnen Fälle auf das gesamte Sprachgebiet gesehen aufsummieren. Die starke Bevorzugung einiger weniger Rufnamen im Spätmittelalter ist daher im heutigen Familiennamenschatz deutlich erkennbar.

Neben den germanischen spielen auch die christlichen Rufnamen bei der Familiennamenentstehung eine wichtige Rolle. Besonders seit der zweiten Hälfte des 12. Jahrhunderts erfuhr der Bestand heimischer Rufnamen eine Bereicherung durch fremde Namen christlicher Herkunft im Zuge der Heiligenverehrung. Namen wie *Johannes*, *Nikolaus*, *Petrus* und *Jakobus* fanden Anschluss an die Herausbildung von Familiennamen und wurden dem deutschen Sprachsystem in stärkerem Maße eingegliedert.[20] Der Verlust von unbetonten Endungen hat diesen Prozess gefördert, so wurde der Rufname *Johannes* zu *Johann*, woraus sich dann die zusammengezogenen Familiennamen *Jahn* und *John* entwickelten.

Bisher wurden nur Patronymika vorgestellt und als Beispiele gewählt. Dies hängt damit zusammen, dass aus weiblichen Rufnamen entstandene Familiennamen viel seltener sind. Kunze führt an, dass das Verhältnis zu aus männlichen Rufnamen abgeleiteten Bei- und Familiennamen in Magdeburg im 14. Jahrhundert 32:349 beträgt. Der Grund für diese geringe Anzahl kann in der niedrigen sozialen und rechtlichen Stellung der Frau in der mittelalterlichen Gesellschaft gesehen werden. Die Bildung von Metronymika oder Gynäkonymika[21] ist meist auf ein höheres Ansehen, eine bessere Abstammung oder ein größeres Vermögen der Frau gegenüber dem Vater beziehungsweise Ehemann zurückzuführen. Daneben konnte auch die Benennung von

---

[19] Kunze: Namenkunde, S.75.

[20] Aus dem beliebtesten damaligen Rufnamen *Johannes* sind über 300 deutsche Familiennamen entstanden; von *Nikolaus* gibt es über 400 Familiennamenvarianten. Vgl. ebd., S.75 und S.80. Im Anhang ist unter I eine Liste mit möglichen Familiennamenvarianten von *Nikolaus* beigefügt.

[21] Benennung nach der Ehefrau.

unehelich Geborenen, von Kindern von Witwen oder die Benennung von Abhängigen nach ihrer Herrin der Grund für die Entstehung von Familiennamen aus weiblichen Rufnamen sein. Auch die bereits erwähnten christlichen Rufnamen hatten einen Einfluss, wenn die Benennung nach einer Institution oder Örtlichkeit, die den Namen einer Schutzheiligen trug, erfolgte. Beispiele hierfür sind *Agathe* (Familienname *Agthen*), *Cäcilia* (*Czilger*), *Elisabeth* (*Elsemann*) oder *Sophia* (*Soffeken*).

3.2 Familiennamen nach der Herkunft

In der Zeit der Binnenwanderungen und der Entfaltung des Wirtschaftslebens entstanden Familiennamen häufig nach der Herkunft der Zugezogenen. Dieses Phänomen ist besonders in den schnell wachsenden Städten zu beobachten, denen die Landbevölkerung zuströmte. Da der Vatername entweder nicht bekannt war oder kein verlässliches Unterscheidungskriterium abgab, – die Person, auf die sich der Name bezog, war nicht im Blickfeld der namengebenden Gruppe – unterschied man neue Bewohner nach ihrem Herkunftsort oder -land. Allerdings musste es sich nicht immer und die tatsächliche Herkunft handeln; ein zeitweiliger Aufenthaltsort konnte auch namenbildend wirken.[22] Bei historischen Analysen kann man mithilfe dieser Namen zu Beurteilungen über die Zuwanderung in eine Stadt und ihr ökonomisches Kräftefeld gelangen.[23] Außerdem sind sie frühe Zeugnisse dafür, wie ein Ortsname in der Volkssprache ausgesprochen wurde, weil sie oft nach dem Gehör aufgeschrieben wurden.

Seibicke unterscheidet solche Familiennamen, die „auf einen Volks-, Stammes- oder Ländernamen zurückgehen und solche, in denen ein Ortsname enthalten ist“.[24] Zu Ersteren gehören Namen wie *Bayer, Baier, Beyer, Beier* ('der aus Bayern'), *Fries(e), Freese, Frehse* und *Meißner, Meis(s)ner, Meichsner, Meichßner, Meixner* oder *Meitzner*. Auch in dieser Namengruppe sind verschiedene Wortbildungen möglich; dies verdeutlichen *Deutsch(er), Deutschländer, Deutschmann* und Verkleinerungsformen wie *Fränkel/Frenkel* oder *Beyer/Beyerlein*.

---

[22] Gottschald erklärt, dass Kaufleute Mitteldeutschlands, die die Nürnberger Straße zogen, *Nürnberger* genannt wurden, während andere, die in Brabant Handel betrieben, als *Brabander* bezeichnet wurden. Ein Pilger bekam bspw. den Namen *Jerusalemer*. Vgl. Gottschald: Namenkunde, S.49.

[23] Als ein Beispiel sind im Anhang zwei Abbildungen zur Rekonstruktion von Ein- und Auszugsgebieten mittelalterlicher Orte beigefügt. Siehe Abb.II.

[24] Seibicke 1982: Personennamen, S.188.

Herkunftsnamen nach Ortsnamen wurden zunächst mit einer Präposition oder einer Präposition plus Artikel gebildet, die an den Rufnamen angeschlossen wurde (z. B. *Heinrich der Wiener, Ludwig van Beethoven* nach dem Ortsnamen *Betuwe* bei Tongern in Belgisch-Limburg). Bei der Umwandlung von der charakterisierenden Herkunftsbezeichnung zum erblichen Familiennamen ließ man die Verbindungsglieder bald ganz weg; nur im Nordwesten, in Nachbarbereichen zum Niederländischen, und im alemannischen Südwesten hielten sich die Präpositionen vielfach. Unterschieden werden müssen dabei diese Präpositionen von den Adelsprädikaten, welche aus den Wohnstättennamen hervorgegangen sind.[25]

Aus Herkunftsbezeichnungen abgeleitete Familiennamen wurden häufig auch durch die Suffixe *-mann* und *-er/-ner/-ler* und *-ing* gebildet: *Münstermann, Wisentner, Furtwängler* oder *Steding.* In räumlicher Hinsicht begann ab etwa 1400 der Typus auf *-er* zu überwiegen, während die Namenform auf *-mann* am häufigsten im Niederdeutschen begegnet.[26] Überregional verbreitet waren Siedlungsnamen auf *-au, -berg, -burg, -dorf* usw. So entstanden Familiennamen wie *Grunau* (*-au* in der Bedeutung 'wasserreiches Land`), *Eschenberg/-burg* (*Burg* bedeutete ahd. und mhd. sowohl 'befestigte Stadt` als auch 'Burg`) und *Fraundorf.* Daneben werden viele Herkunftsnamen auch ohne Präposition gebraucht, indem der bloße Ortsname als Familienname verwendet wird; dies ist bei *Delbrück* und *Leibni(t)z* der Fall.

3.3 Familiennamen nach der Wohnstätte

Wenzel definiert: „So genannte 'Wohnstättennamen` kennzeichnen Personen nach der Lage ihres Wohnsitzes im Dorf, in der Stadt, im Gelände, am Walde, bei bestimmten Bäumen, an einem Gewässer."[27] Sie werden von den Herkunftsnamen dahingehend unterschieden, dass sie den Sitz von Einheimischen, nicht die Herkunft von Zugezogenen bezeichnen. Allerdings ist eine sichere Differenzierung zwischen Orts- und Wohnstättenname nicht immer möglich: Beispielsweise kann der Familienname

---

[25] Hierauf wird in Kapitel 3.3 eingegangen.

[26] Kunze stellt fest, dass 5,6% aller Deutschen einen Familiennamen auf *-mann* tragen. Die Gründe dafür sieht er im german. Rufnamenbestandteil *-mann*, in der Verwendung von *-mann* als Berufsbezeichnung und in der hier ausgeführten Verwendung als Familiennamen-Bildungssuffix aus Ortsnamen. Vgl. Kunze: Namenkunde, S.69.
Eine ausführliche Darstellung der räumlichen Verteilung bietet Bauer: Namenkunde, S.104-108.

[27] Wenzel: Familiennamen, S.712.

Auer auf den Wohnsitz an einem Fluss oder auf die Herkunft aus einem Ort namens Au(e) hinweisen.[28]
Wohnstättenbezeichnungen bildeten sich zuerst beim Adel zu Familiennamen heraus. Bei den dafür verwendeten Präpositionen *von, auf, zu* entwickelte sich *von* später zum allgemeinen Adelsprädikat und verlor dadurch seine ursprüngliche Bedeutung als Verweis auf eine Wohnstätte oder auf die Herkunft von einem Herrensitz.
Im 14. bis 16. Jahrhundert fanden die Wohnstättennamen auch auf dem Land, besonders in Gebieten mit Einzelhofsiedlungen – etwa in Westfalen oder in den Alpen[29] – Verwendung. Ihre Bildungsweise kann hinsichtlich der Merkmale, aus denen sie entstanden sind, unterschieden werden. So lassen sich mehrere Kategorien aufstellen, die im Folgenden erläutert werden sollen:
In zahlreichen Wohnstättennamen spiegelt sich die Oberflächenbeschaffenheit der Landschaft, in der sie entstanden sind, wider. Dadurch konnte theoretisch jede Örtlichkeit Familiennamen hervorbringen. Häufig führte die Orientierung an Anhöhen zu Familiennamen mit *hoch, Höhe* oder *Berg*. So heißen in Gebieten nahe der Alpen viele Menschen *Berg(er), Steiner, Kapf* (Bergkuppe) oder *Kofler* (Fels). Auch Namen wie *Knipp(e)(r), Kniper(s)*[30] und *Knopp* oder *Knorr* weisen auf den Zusammenhang mit Bergen, Steinen und Felsen hin, da es ´Knipp` als rheinischen Begriff für ´Hügel` und weitere in den Dialekten lebendige Ausdrücke für Bodenerhebungen gab.[31]
Eb(e)ner, Lindebner, Flachenegger, Blattmann und *Flachmeyer* sind hingegen Familiennamen, die vermutlich aus dem Hinweis auf ebene Flächen entstanden sind. Eine Vielzahl von Namen deutet außerdem auf Bodenvertiefungen hin, die namengebend waren: *T(h)almann, Dalmann, Taller, Dallmeier* usw. sind von ´Tal` abgeleitet, während aus weiteren Bezeichnungen für Bodensenkungen wie ´Klinge` (mit der Bedeutung ´Schlucht mit rauschendem Bach`) oder ´Schlucht`, ´Klamm` und ´Zwinge` sowie ´Kuhle` und ´Loch` folgende Namen gebildet wurden: *Klingner, Klingmann, Schluchter, Schlufter, Klamm(er), Aufderklamm, Zwink, Zwingli, Steinkühler, Kullmann, Kuhlenkamp(f), Locher(er)* und *Lochmüller*
Neben dem schon genannten Familiennamen *Auer* und den Formen *Inauen, Euler, Augart* und *Waldauer* gibt es weitere, die auf Gewässer und Sümpfe verweisen: Im niederdeutschen Raum erscheint ´Bach` oft als ´Be(c)k(e)`, wodurch *Becks, van Beck,*

[28] Weitere Beispiele bietet Kohlheim: Typologie, S.1252.
[29] Im Salzburgischen sind etwa 2/3 der Familiennamen Wohnstättennamen. Vgl. Kunze: Namenkunde, S.95.
[30] *Kniper(s)* kann aber auch ein Berufsname zu ´Kneifzange` sein. Vgl. Kunze: Namenkunde, S.97.
[31] Siehe hierzu ausführlicher ebd., S.97.

Beckemeier oder *Schmidtverbeek* entstehen. Interessant ist, dass das Wort 'Quelle' erst ab dem 15. Jahrhundert gebräuchlich wird, wodurch es zu jung ist, um in den Familiennamenschatz hätte eingehen können. Stattdessen findet sich in *Brünner, Bronner, Bornkamp und Sauerborn* das alte Wort 'Brunn'/'Bronn' oder 'Born'.

Der Platz, die Form und die Qualität der Landschaft fanden vielfach Eingang in den ersten Bestandteil von Familiennamen. So wurden die Lage, Richtungsangaben, Lichtverhältnisse oder die Bodenbeschaffenheit in das Bestimmungswort aufgenommen. Als Beispiele dafür können *Nord(er)mann, Westenhuber, Osterbeck, Middel-/Middendorf, Sonnleitner, Winterhalder, Michelberger, Kurbach, Krummrain, Sandmann, Grieshuber* ('Kies'), *Lehmp(f)uhl* und *Dörrheide* genannt werden. Auch Hinweise auf den Baum- und Buschbestand lassen sich in Familiennamen entdecken: *Reichenwallner, Westerweller, Mühlhölzl, Busch(ner), Steinhorst* ('Dickicht') und *Eichmann, Birkmann, Lindemann* kennzeichneten zunächst die Wohnstätte ihrer Namenträger.

Neben den Wohnstättennamen nach der Oberfläche der Landschaft gibt es auch Familiennamen, die aufgrund des Verweises auf Äcker, Wiesen sowie auf Zäune, Bauten und Wege entstanden sind. So lassen sich *Heider, Koppelmann* und *Ackerer* leicht zuordnen, während Namen wie *Heitland* ('Heide'), *Trischmann* und *Drießler* ('Driesch' als 'unbebautes Land'), *Dürrenmatt* ('Matte' als 'Wiese') oder *Kampen, Kamphausen, -hoff, -mann* ('Kamp' als 'eingefriedetes Landstück') etwas schwieriger erkennbar sind.

Nicht selten dient die Angabe der Wohnstätte zur zusätzlichen Differenzierung von Berufsnamen (Beispiele hierfür sind *Angermüller, Teichmüller* und *Weidenmüller*), auf die im nächsten Kapitel näher eingegangen werden soll.

3.4 Familiennamen aus Berufs-, Amts- und Standesbezeichnungen

Familiennamen aus Berufsbezeichnungen stellen den zahlenmäßig größten Teil der Familiennamen dar. So überschrieb Walther seine Beobachtungen zur Statistik der deutschen Familiennamen mit dem Satz „Jeder hundertste heißt Müller“.[32] Neben *Müller* rangieren außerdem *Schmidt, Schneider, Fischer, Schulz, Weber* usw. in der Spitzengruppe.[33]

[32] Walther: Familiennamen, S.145.
[33] Die 140 häufigsten Familiennamen in Deutschland sind im Anhang unter III aufgelistet.

Die Größe der Gruppe der Berufsbezeichnungen schreibt Seibicke den aufstrebenden Städten zu.[34] Er weist darauf hin, dass die Versorgung der Bevölkerung, Handel und Geldwirtschaft, Verwaltung und besonders die Weiterentwicklung, Verfeinerung und Spezialisierung der handwerklichen Produktion die Berufe und Berufsbezeichnungen wachsen ließen. Demgegenüber hatte zuvor in der agrarwirtschaftlichen Gesellschaft keine so große Notwendigkeit bestanden, Menschen hinsichtlich ihrer sozioökonomischen Stellung zu unterscheiden.

Die Vielgestaltigkeit dieser Namengruppe wird dadurch zusätzlich erhöht, dass dieselben Berufsbezeichnungen je nach Dialekt unterschiedliche lautliche, graphische und morphologische Varianten hervorbrachten. Die Bezeichnung des Schmiedes ist beispielsweise in den Familiennamen *Schmid(t), Schmitt, Schmitz, Schmedt, de Smet, Schmedeke, Schmieder, Schmiedel, Schm(i)eding, Schmedemann* usw. enthalten. Durch die Arbeitsteilung innerhalb der Schmiedezunft entstanden darüber hinaus weitere Familiennamen (*Eisen-, Stahl-, Gold-, Kessel-, Hufschmied* usw.).

Das Erkennen von Familiennamen, die auf Berufsnamen zurückgehen, wird häufig durch entsprechende Endungen erleichtert. Die älteste Bildungsweise von Wörtern für tätige Menschen lautet im Althochdeutschen *fechto, kempho* ('Fechter, Kämpfer'). Sie hat sich in Familiennamen wie *Fecht* oder *Kempf* gehalten. Produktiver sind allerdings die Endungen *-er* in *Reiter, Kachler, Förster* oder *Jäger* und *-eker* in *Steneker, Rädeker* und *Pötteker* ('Faßmacher, Steinmetz').

Auch Endungen, bei denen die ursprüngliche Verbform noch deutlich ist, helfen bei der Identifizierung: Das Verb 'würken' ('herstellen') steckt in den Familiennamen *Steinwirker, Messwarb* ('Messerschmied') und *Lichtwerk, -wark* ('Kerzenzieher') und Namen wie *Schumacher, Hutmacher, Kistenmacher, Fleischhauer, Felgenhauer, Woll(en)schläger, Schlachtschneider* und *Kornführer* ('-händler') lassen eindeutige Rückschlüsse auf das jeweilige Handwerk des ersten Namenträgers zu.[35]

Zu den Amtsbezeichnungen, aus denen sich Familiennamen entwickelten, gehören beispielsweise der Vormund oder der Küster *(Momber(s), Mommer(s), Mummer(s)* und *Koster, Köster, Küster*, aber auch *Mesner, Mössner, Oppermann* usw.). Der Name *Meier* in seinen zahlreichen Schreibweisen[36] ist auf das Amt des herrschaftlichen Verwalters des Fronhofes im frühen Mittelalter zurückzuführen. Die Häufigkeit des

---

[34] Vgl. Seibicke 1982: Personennamen, S.190.
[35] Familiennamen der einzelnen Gewerbe stellen Kunze: Namenkunde, S.111-129, und Kohlheim/Kohlheim: Familiennamen, S.33-37, ausführlich vor.
[36] Kunze nennt 7161 verschiedene Zusammensetzungen und Varianten mit *–meier*.Vgl. Kunze: Namenkunde, S.133.

Namens ist eine Folge der Ausweitung der Bezeichnung 'Meier` auf immer breitere bäuerliche Schichten. Weitere weltliche und kirchliche Ämter sind in den Familiennamen *Kämmerer, Probst, Richter, Zöllner, Messer, Wächter, Läufer* und *Wäger* zu finden.

Hinter *Burger, Bürger, Diener, Eigenmann* ('Dienstmann, Höriger`), *Halbmeister* ('Handwerker, der nicht die vollen Meisterrechte besaß`), *Häusler* ('Mieter, Inhaber eines sehr kleinen Hofs`), *Ritter* und *Lehmann* ('Lehensmann, Inhaber eines bäuerlichen Lehngutes`) verbergen sich Standesbezeichnungen, die im heutigen Wortschatz kaum noch zu finden sind.

Insgesamt lässt sich feststellen, dass die Familiennamen aus Berufs-, Amts- und Standesbezeichnungen die ökonomische und gesellschaftliche Welt des 12. bis 15. Jahrhunderts widerspiegeln. Seibicke weist in diesem Zusammenhang darauf hin, dass viele der damals namenstiftenden Berufe und Arbeitsgeräte längst nicht mehr existieren und in anderen Fällen die Wörter aus dem Arbeitsleben einen Bedeutungswandel erfahren haben, wodurch es nicht immer leicht ist, im heutigen Familiennamen den ehemaligen Berufsnamen wiederzuerkennen. [37] Die Namenforschung hat gerade deshalb hohen geschichtlichen Wert.

3.5 Familiennamen aus Übernamen

So genannte 'Übernamen` verweisen meist auf körperliche, geistige oder charakterliche Eigenheiten eines Menschen, aber auch auf Ereignisse, Orte, Personen oder Gegenstände, zu denen der Benannte in einer oft speziellen Beziehung stand. Das in der Einleitung zitierte Gedicht von Erhard Horst Bellermann bringt diese Eigenheit der Übernamen besonders gut zum Ausdruck.

Kunze unterscheidet drei Bildungsweisen von Übernamen: Sie können durch direkte Benennung eines Geschehens oder einer Auffälligkeit (*Groß(e), Stark(e), Greulich*), durch metaphorische Benennung, die auf einem Vergleich oder einer Beziehungsübertragung beruht (*Spatz, Sturm*), oder durch metonymische Benennung mit Bezeichnungen von Dingen, Sachverhalten, Ereignissen usw., die in einem räumlichen, kausalen oder temporalen Zusammenhang mit der betreffenden Person stehen (*Herzog* 'der im Dienst des Herzogs steht`, *Sonntag* 'der am Sonntag Geborene`), entstehen.

---

[37] Vgl. Seibicke 1982: Personennamen, S.192.

In vielen Übernamen ist daher eine Reflektion der Normvorstellungen erkennbar und sie können als Form der „sozialen Kontrolle“ [38] verstanden werden: In ihnen sind häufig negative (*Wunderlich* für jemand Sonderbaren, *Klumpe(n)* für den Dicken oder Groben usw.) oder positive (*Schön(e)*, *Schönherr*) Bewertungen enthalten. Viele Übernamen hatten zur Zeit ihrer Entstehung aber oft auch nur eine relative Funktion in dem Sinne, dass mit ihnen eine Person von einer anderen unterschieden wurde; so konnte man beispielsweise *Hans Alt* und *Hans Jung* auseinander halten, auch wenn der Altersunterschied zwischen den Benannten nicht sehr groß gewesen sein muss.
Aufgrund der zahlreichen Möglichkeiten, aus denen Übernamen gebildet werden beziehungsweise wurden, können die Übernamen nach ihrer Bedeutung in mehrere Gruppen eingeteilt werden. [39] Dabei nimmt die Gruppe der Namen, die von körperlichen Merkmalen abgeleitet sind, den größten Raum ein. Dies ist darauf zurückzuführen, dass körperliche Eigenschaften meist den ersten Eindruck einer Person vermitteln und dass bei der Beschreibung eines Menschen am ehesten auf solche äußerliche Erkennungszeichen zurückgegriffen wird. Besitzt jemand darüber hinaus eine Missbildung oder Spuren von Verletzungen, so fallen diese besonders auf und können namengebend sein. Diese Art, Personen mit passenden Ausdrücken zu charakterisieren, schlug sich demnach auch in den Familiennamen nieder. So rangierte der Name *Lange* im Jahr 1996 auf Platz 46 der häufigsten Familiennamen in Deutschland.[40] Auch Ableitungen wie *Langen*, *Lange* und *Langer* sind zahlreich zu finden.
Im Folgenden sollen weitere Familiennamen dieser Art aufgelistet und kurz erklärt werden:
Für eine Person mit beträchtlichem Körperumfang wurde im Norden Deutschlands *Fett(e)* geläufig, während im Süden *Feiß(t)* verwendet wurde. Auch *Grobe* und *Vornfett* sowie *Fornfeist* ('vorne dicker Bauch`) beziehen sich auf die Körperfülle. Daneben liegen aber auch metaphorische Umschreibungen für die körperliche Form vor, so zum Beispiel *Tschugg* ('Klotz`), *Kolb* ('Keule`), *Schroll* ('Klumpen`) und *Stoll* ('Knolle`). Eine wichtige Rolle spielen auch Übernamen, die auf das Haar anspielen. *Weiß*, *Schwarz* und *Grau* weisen auf die Haarfarbe hin und *Kraus*, *Krull*, *Kreisel* und *Kruse* meinen den Lockenkopf. Genauso wurden Kahlköpfige in Süddeutschland mit

[38] Kunze: Namenkunde, S.139.
[39] Eine umfangreiche Liste mit Erklärungen bietet Kunze: Namenkunde, S.141-1151.
[40] Nach Kohlheim/Kohlheim: Familiennamen, S.51.

Übernamen wie *Glatze(e)(l)* oder *Glätzle* bedacht und im norddeutschen Raum *Kahl(e)(mann)* genannt.[41]

Namen wie *Scheel(ke)*, *Schael(e)*, *Schill(er)* und *Schilli* erinnern an jemanden, der schielte; *Hasenohr* und *Hasenöhrl* können den Feinhörigen oder den Langohrigen meinen.[42] Verstümmelungen und Krankheiten konnten zu *Einbein*, *Brennfleck*, *Blaterer* ('der mit den Pusteln`) oder *Schrimpf* ('der mit der Wunde`) führen.

Auch die Einschätzung nach der Wesensart eines Menschen zeichnet sich in den Familiennamen ab. Hier sind vor allem Gegensatzpaare zu finden, die positive und negative Veranlagungen zum Ausdruck bringen: *Demuth* gegenüber *Ho(ch)muth*, *Gut(h)* gegenüber *Bö(h)s* und *Wohlgezogen* gegenüber *Unbehauen* oder *Unart*. Solche Namen gewähren – wie bereits erwähnt – einen guten Einblick in die mittelalterlichen Wertvorstellungen und gesellschaftlichen Normen.

Als eine besondere Gruppe der Übernamen können des Weiteren die 'Satznamen` gelten, die aus einem Satz zusammengerückt sind. Ihrem Ursprung nach handelt es sich um einen Satz, dessen Verb (meist im Imperativ) der Ausgangspunkt für eine kurze, prägnante Namengebung war. Vermutlich sind Satznamen häufig in einer spontanen Situation entstanden; denkbar ist aber auch, dass jemand bestimmte Redewendungen öfter verwendete und so zu seinem Namen kam (*Beigott* durch den Ausruf „bei Gott!"). Weitere Beispiele für Satznamen sind *Huthwohl* ('pass gut auf`), *Drinkgern* ('trinke gern`), *Habfest* ('halte fest`) und *Däumich* ('drück mich, schieb mich`). Die ältesten Satznamen sind bereits vor 1150 in Köln nachweisbar (*Brechseif* 'brich die Seife` und *Scuceverchen* 'schütze die Schweine`) und sie erlebten vor allem im 14. und 15. Jahrhundert ihre Blütezeit.

Die Etymologie eines Übernamens lässt sich in den meisten Fällen leicht nachvollziehen, während die Namendeutung schwieriger ist. So kann beispielsweise der Familienname *Fuchs* auf einen schlauen oder einen rothaarigen Menschen hingewiesen haben, eventuell war aber auch eine besondere Fuchsjagd der Auslöser für die Benennung. Auch der Name *Schneeweiß* ist für Spekulationen offen: Handelte es sich um eine Person mit schneeweißem Haar oder wurde durch den Namen eine winterliche Begebenheit betont? Andererseits könnte *Schneeweiß* auch ein Familienname sein, der aus einer Berufsbezeichnung abgeleitet wurde (der Wäschebleicher). Hier ist erkennbar, dass die Zuweisung des Namens nicht immer eindeutig ist.

---

[41] *Kahler(t)* kann auch vom Ortsnamen Kahla oder vom niederdeutschen 'Köhler` kommen.

[42] Wie zahlreich Familiennamen nach Teilen des Kopfes sind verdeutlicht Abb. IV im Anhang.

Darüber hinaus sind die Grenzen zwischen den von Kunze aufgeteilten Bildungsweisen, besonders zwischen metaphorischer und metonymischer Benennung, fließend: Der erste Träger des Namens *König* könnte ein dem König zu Diensten verpflichteter Untertan gewesen sein, eine gehobene Stellung innegehabt oder sich angemaßt haben, wie ein König auszusehen oder sich so zu benehmen.[43]

4. Schlussbetrachtung

Für fast alle Familiennamen können die Namenlexika nicht nur eine, sondern verschiedene Deutungen anbieten, wie bereits aus den gerade geschilderten Beispielen ersichtlich wird. Wir der Name nicht aufgelistet, können einzelne Bestandteile eventuell aufschlussreich sein. So könnte es sich beim Namen *Lintzen* um einen Herkunftsnamen zu den Ortsnamen Linz, Linse oder Linsen, um einen Übernamen zu mhd. 'linse/lise` (leise, geräuschlos, sanft) oder auch um einen Übernamen mit dem Hinweis auf das Lieblingsgericht des Benannten handeln. Denkbar ist auch, dass der Berufsname für den Linsenbauern namenstiftend war.

Am Namen *Hering* soll abschließend gezeigt werden, dass auch eine Zuordnung zu jeder der fünf in der vorliegenden Arbeit dargestellten Bedeutungsgruppen möglich ist:[44]

(1) Sohn des Hermann (=Patronymikon)

(2) aus dem Ort Hering in Hessen (=Herkunftsname)

(3) im Haus zum Hering (=Wohnstättenname)

(4) Heringshändler (=Berufsname)

(5) schmächtig aussehend wie ein Hering (=Übername)

Diese Bedeutungskreuzungen und Bedeutungskonkurrenzen werden durch die lautliche Vielfalt und ihrer entsprechenden Schreibvarianten der Namen gefördert.

Zusammenfassend lässt sich festhalten, dass die eingangs gemachte Feststellung „Namen erzählen Geschichte(n)“ durch die Darstellung der fünf Bildungstypen von Familiennamen anschaulich geworden ist: Familiennamen erzählen vom Handwerkerleben in den aufblühenden Städten, von mittelalterlichen Waren und Geräten, von sozialen Unterschieden zwischen Adel und Bauern, von Herkunftsorten und sogar von ganz persönlichen Situationen, in denen Menschen von ihrer Umgebung

[43] Vgl. Wenzel: Familiennamen, S.715.

[44] Vgl. Wenzel: Familiennamen, S.716.

beurteilt und charakterisiert wurden. Die sich aus den individuellen Beinamen zur Kennzeichnung und Differenzierung entwickelten Familiennamen haben demnach gegenwärtig eine ganz andere Funktion als zur Zeit ihrer Entstehung. Ursprünglich war der Familienname zunächst nicht nur im privaten Bereich, sondern auch bei offiziellen Begebenheiten – zum Beispiel vor Gericht – nicht der eigentliche 'Hauptname` und ihm wurde ein geringeres Gewicht als dem Rufnamen beigemessen, während heute genau das Gegenteil der Fall ist.

Im momentan gültigen Namenrecht für Eheleute aus dem Jahr 1994 wird eine größere Freizügigkeit bei der Wahl eines gemeinsamen Ehenamens eingeräumt, wodurch sich einige historisch gewachsene Gegebenheiten grundlegend geändert haben. So wird Eheleuten eine größere Auswahl aus verschiedenen Varianten der Namenführung ermöglicht: Die Ehepartner können ihre bisherigen Namen behalten, sich auf einen der beiden Familiennamen einigen, den dann der Ehemann / die Ehefrau annimmt oder einen Doppelnamen führen (wobei nur einer der Partner einen Doppelnamen tragen darf). Hinter dieser letztgenannten Möglichkeit der 'Namenneuschöpfung` steckt eine ganz andere Motivation als sie in den Anfängen der Familiennamen gegeben war: Die Benennungsumstände – wie Herkunft oder Beruf – spielen keine Rolle mehr, so dass den Doppelnamen keine jüngeren Aufschlüsse über das Wesen und die Geschichte des Bezeichneten entnommen werden können.

Damit ist die Familiennamenbildung insofern abgeschlossen, als der Namenbestand nur noch leichte Veränderungen (etwa durch Aussterben von Familiennamen, Änderung anstößiger Namen, Einbürgerungen u. a.) erfahren kann. Trotzdem ist nicht mit einer Erstarrung des Familiennamensystems zu rechnen.

5. Literaturverzeichnis

Sammelbände, Aufsätze in Sammelbänden und Monographien:

- Agricola, Erhard / Fleischer, Wolfgang / Protze, Helmut (Hrsg.): Die deutsche Sprache. Kleine Enzyklopädie. Bd. 2. Leipzig: VEB Bibliographisches Institut 1970.
- Bauer, Gerhard: Namenkunde des Deutschen. Germanistische Lehrbuchsammlung. Bd. 21. Bern, Frankfurt/M., New York: Lang 1985.
- Besch, Werner / Betten, Anne / Reichmann, Oskar / Sonderegger, Stefan (Hrsg.): Sprachgeschichte. Ein Handbuch zur Geschichte der deutschen Sprache und ihrer Erforschung. 4. Teilbd.. Handbücher zur Sprach- und Kommunikationswissenschaft. 2. Aufl.. Berlin, New York: de Gruyter 2004.
- Brendler, Andrea / Brendler, Silvio (Hrsg.): Namenarten und ihre Erforschung. Ein Lehrbuch für das Studium der Onomastik. Hamburg: Baar-Verlag 2004.
- Eichler, Ernst (Hrsg.): Namenforschung. Ein internationales Handbuch zur Onomastik. Handbücher zur Sprach- und Kommunikationswissenschaft. Bd. 2. Berlin: de Gruyter 1996.
- Gottschald, Max: Deutsche Namenkunde. Unsere Familiennamen. 5., verb. Aufl. mit e. Einf. in d. Familiennamenkunde von Rudolf Schützeichel. Berlin, New York: de Gruyter 1982.
- Kohlheim, Rosa: Typologie und Benennungssysteme bei Familiennamen. Prinzipiell und kulturvergleichend. In: Eichler, Ernst (Hrsg.): Namenforschung. 1996, S.1245-1259.
- Kohlheim, Rosa / Kohlheim, Volker: DUDEN. Familiennamen. Herkunft und Bedeutung. Mannheim, Leipzig, Wien, Zürich: Dudenverlag 2000.
- Köbler, Gerhard: Wörterbuch des althochdeutschen Sprachschatzes. 4. Aufl.. Paderborn: Schöningh 1993.
- Kunze, Konrad: Namenkunde. Vor- und Familiennamen im deutschen Sprachgebiet. 4., überarb. und erw. Aufl.. München: Deutscher Taschenbuch Verlag 2003.
- Lexer, Matthias: Mittelhochdeutsches Handwörterbuch. 33. Aufl.. Stuttgart: Hirzel 1969.

- Naumann, Horst (Hrsg.): Das große Buch der Familiennamen. Alter, Herkunft, Bedeutung. Niedernhausen/Ts.: Falken 1994.
- Seibicke, Wilfried: Die Personennamen im Deutschen. Berlin, New York: de Gruyter 1982.
- Seibicke, Wilfried: Überblick über Geschichte und Typen der deutschen Personennamen. In: Besch, Werner / Betten, Anne / Reichmann, Oskar / Sonderegger, Stefan (Hrsg.): Sprachgeschichte. 2004, S.3535-3552.
- Simon, Michael: Vornamen wozu? Taufe, Patenwahl und Namengebung in Westfalen vom 17. bis zum 20. Jahrhundert. Beiträge zur Volkskultur in Nordwestdeutschland. Bd. 67. Münster: Coppenrath 1989.
- Wenzel, Walter: Familiennamen. In: Brendler, Andrea / Brendler, Silvio (Hrsg.): Namenarten und ihre Erforschung. 2004, S.705-742.

Zeitschriftenaufsätze:

- Luther, Saskia: Niederdeutsche Namen. In: Niederdeutsche Sprache und Literatur der Gegenwart. Germanistische Linguistik 175-176 (2004), S.191-229.
- Walther, Helmut: Jeder hundertste heißt Müller. Zur Statistik der deutschen Familiennamen. In: Der Sprachdienst 21 (1977), S.145-149.

Ingram Content Group UK Ltd.
Milton Keynes UK
UKHW040759250423
420747UK00004B/306